São Francisco de Assis

Novena e biografia

Mario Basacchi

São Francisco de Assis
Novena e biografia

Textos bíblicos: *Bíblia Sagrada* – tradução da CNBB, 2001.

Revisado segundo a nova ortografia.

5ª edição – 2011
7ª reimpressão – 2021

Paulinas

Rua Dona Inácia Uchoa, 62
04110-020 – São Paulo – SP (Brasil)
Tel.: (11) 2125-3500
http://www.paulinas.com.br – editora@paulinas.com.br
Telemarketing e SAC: 0800-7010081

Introdução

"Francisco, vai e repara a minha casa que está para ruir."

Há momentos em que a Igreja de Cristo, simbolizada pelo barco de Pedro, parece ir à deriva, ameaçada por ondas gigantescas, arriscada a afundar. Mas o seu divino piloto, apesar de seu sono aparente, vela e suscita, no seio de sua Igreja, santos homens e santas mulheres que com suas palavras e exemplos se encarregam de levar o barco ao porto seguro e restaurar a casa em ruína.

Uma dessas figuras, como o sol que nunca se põe, é São Francisco de Assis.

Oração, penitência, pobreza evangélica e apostolado foram as quatro colunas erguidas por Francisco para restaurar a Igreja.

Enquanto o mundo se agita na procura do ganho fácil, no esbanjamento das riquezas naturais, na corrida desenfreada atrás dos prazeres de uma vida mundana, na opressão e marginalização dos mais pobres, São Francisco nos aponta o caminho da salvação, feito de renúncias, de simplicidade, de oração e de amor sem limites para com Deus e para com os irmãos. "Aquele que quiser me seguir renuncie a si mesmo, pegue a sua cruz e venha comigo" (cf. Mt 16,24).

Francisco, o menestrel de Deus, se despoja de tudo, ficando literalmente nu, e se entrega a Cristo. Percorre vilas e cidades, sem levar nada, nem bolsa, nem sapatos, nem bastão, nem dinheiro, segundo o conselho de seu divino Mestre, anunciando o Evangelho e cantando as maravilhas do Senhor: "Louvai e bendizei ao meu Senhor, dai-lhe graças, e servi-o com grande humildade".

Nestes nove dias, pela intercessão do seráfico Francisco, peçamos com fé as graças que desejamos e necessitamos, e que Deus nos transforme em instrumentos de sua paz e de seu amor.

Traços biográficos de São Francisco de Assis

São Francisco de Assis nasceu na cidade de Assis, região da Úmbria, Itália, em 1182. Foi batizado com o nome de João, mas, sendo filho de um rico comerciante de tecidos vindos da França e de mãe francesa, foi logo chamado de Francisco, ou seja, "o pequeno francês".

Deu-se mal no comércio e na vida militar. Desgostou-se da vida frívola e vazia que levava junto de seus festivos companheiros. Desposou-se com a "dama pobreza" e, por distribuir esmolas generosas aos pobres, foi deserdado pelo pai. Feliz por partilhar da pobreza de Cristo, escolheu uma vida de simplicidade e de amor total às criaturas, tornando-se o irmão universal. Por isso, mais tarde, foi proclamado patrono da Ecologia.

Ao escutar de Jesus crucificado, em São Damião, a ordem de "reparar a minha Igreja", começou a restaurar aquela igreja em ruína. Iluminado pela luz divina, entendeu, algum tempo depois, que sua missão era de levar a Igreja Católica a viver à risca o Evangelho de Jesus.

Com alguns amigos, fundou a Ordem dos Frades Menores ou Franciscanos. Em 1211, com Santa Clara, fundou a Ordem das Pobres Damas ou Clarissas. Em 1221, nasceu a Ordem Terceira para os leigos consagrados.

Francisco foi ao Egito e à Terra Santa para levar uma palavra de paz, desaprovando a guerra que ali se travava entre cristãos e muçulmanos.

Em 1224, recebeu os estigmas de Jesus, tornando-se o primeiro santo estigmatizado na história da Igreja.

Por onde passava, espalhava a paz e o bem. Amava todas as criaturas: dos homens aos animais; das plantas às fontes; do sol à lua; da vida à morte. Procurava irmanar todos e tudo no mesmo amor e no mesmo louvor ao seu bondoso Deus.

Morreu aos 3 de outubro de 1226. Apenas dois anos após sua morte, foi declarado santo. Sua festa litúrgica é no dia 4 de outubro.

São Francisco de Assis é um dos santos mais populares e queridos de todos os tempos e no mundo inteiro.

PRIMEIRO DIA

"Onde houver trevas, que eu leve a luz"

Em nome do Pai, do Filho e do Espírito Santo. Amém.

Bendito seja Deus que nos reuniu no amor de Cristo.

A Palavra de Deus

"Fala, Senhor, que teu servo escuta!" (cf. 1Sm 3,9).

"Lâmpada para meus passos é tua palavra e luz no meu caminho" (Sl 119/118,105).

O exemplo do santo (reflexão e oração)

Um dia, Francisco estava rezando na igreja de São Damião, quando ouviu uma voz que o chamava. O santo perguntou: "Que quer, Senhor, de mim?". E a mesma voz respondeu: "Francisco, vai e repara a minha casa que está para ruir!". No momento, Francisco pensou que se tratasse da igrejinha em que se encontrava. Mas, durante as meditações, Deus lhe esclareceu o que ele queria: que a Igreja Católica voltasse a viver à risca o Evangelho. E Francisco, antes de pregar para os outros, começou a dar exemplo de uma vida simples, desapegada dos bens terrenos, espalhando amor e construindo a fraternidade.

Peçamos a Deus que nos torne instrumentos de sua paz e nos ajude a reconstruir as amizades abaladas pelo nosso egoísmo.

Oração do dia

Ó admirável São Francisco, vós que, na primavera de vossa vida, fostes um jovem sonhador, ansioso por feitos gloriosos, e levastes uma vida sem compromissos sérios, mas, vendo por uma luz divina a vaidade das coisas do mundo, vos entregastes ao serviço de Deus e dos irmãos desamparados, fazei que nossas crianças sejam amparadas e livres das mãos impuras e violentas; protegei os jovens e fracos, livrando-os do flagelo das drogas e da depravação do sexo; e indicai a todos o caminho da salvação.

Oração final
(para ser rezada todos os dias)

Ó Pai, nosso Deus e nosso tudo, vós que inspirastes São Francisco de Assis, nosso irmão universal, ao amor forte, humilde e cordato para com todas as criaturas, fazei que possamos imitar suas virtudes e viver na simplicidade evangélica. Como ele, seguindo os passos de vosso amado Filho,

Jesus, sejamos construtores da paz e anunciadores do vosso Evangelho, espalhando pelo mundo a chama do vosso amor.

Suplicamo-vos, ainda, mui humildemente e pela intercessão de São Francisco, vosso fiel servidor, conceder-nos a graça de que nesta hora ardentemente necessitamos (*fazer o pedido*). Por Cristo, nosso Senhor. Amém.

Rezar com recolhimento e devoção

Pai-Nosso, Ave-Maria e Glória-ao-Pai.

Invocação e bênção de São Francisco

São Francisco de Assis, rogai por nós. "O Senhor vos abençoe e vos guarde, mostre-vos a sua face e tenha misericórdia de vós, volte para vós o seu rosto e vos dê a paz."

SEGUNDO DIA

"Sim, estou apaixonado pela Pobreza"

Em nome do Pai, do Filho e do Espírito Santo. Amém.

Bendito seja Deus que nos reuniu no amor de Cristo.

A Palavra de Deus

"Caríssimos, amemo-nos uns aos outros, porque o amor vem de Deus e todo aquele que ama nasceu de Deus e conhece Deus."

"Nós amamos, porque ele nos amou primeiro. Se alguém disser: 'Amo a Deus', mas odeia o seu irmão, é mentiroso..." (1Jo 4,7,19-20).

O exemplo do santo (reflexão e oração)

Um dia, enquanto Francisco caminhava sozinho pelos bosques, nos arredores de sua cidade natal, encontrou um leproso purulento e fétido. Ao vê-lo, Francisco sentiu asco e nojo. No primeiro impulso, quis fugir. Todavia, vencida a repulsa, aproximou-se do leproso, o abraçou e o beijou na boca.

Com esse gesto, Deus encheu-o de luz e de amor para os mais necessitados e abandonados.

Peçamos a Deus nunca recusarmos um gesto de compaixão e de amor para com todos aqueles que nos estendem as mãos, solicitando a nossa ajuda e compreensão.

Oração do dia

Ó admirável São Francisco, que tivestes especial predileção para os mais pobres e desamparados, percebendo neles a figura de Cristo sofredor, ajudai-nos a superar o egoísmo para acolher com amor e carinho a quantos nos estenderem a mão, pedindo a nossa ajuda e compreensão.

Oração final (p. 13)

Rezar com recolhimento e devoção

Pai-Nosso, Ave-Maria e Glória-ao-Pai.

Invocação e bênção de São Francisco

São Francisco de Assis, rogai por nós. "O Senhor vos abençoe e vos guarde, mostre-vos a sua face e tenha misericórdia de vós, volte para vós o seu rosto e vos dê a paz."

TERCEIRO DIA

"Altíssimo, onipotente
e bom Senhor,
teus são o louvor, a glória,
a honra e toda bênção"

Em nome do Pai, do Filho e do Espírito Santo. Amém.

Bendito seja Deus que nos reuniu no amor de Cristo.

A Palavra de Deus

"Bendizei ao Senhor, todas as obras do Senhor; aclamai e superexaltai-o para sempre!" (Dn 3,57).

"E tudo o que disserdes ou fizerdes, que seja sempre no nome do Senhor Jesus, por ele dando graças a Deus Pai" (Cl 3,17).

O exemplo do santo (reflexão e oração)

Francisco, menestrel do Senhor, poeta da natureza, o arauto do amor, cantava o sol, a lua e as estrelas. Via em todas as criaturas um reflexo da beleza do Criador.

Surge o *Cântico das criaturas*, um dos primeiros poemas escritos por Francisco na nascente língua italiana.

"Altíssimo, Onipotente e Bom Senhor, teus são o louvor, a glória, a honra e toda a bênção.

Louvado sejas, meu Senhor, com todas as criaturas, especialmente o Senhor Irmão Sol, que clareia o dia e com sua luz nos ilumina. E ele é belo e radiante, com grande esplendor: de ti, Altíssimo, é a imagem...

Louvai e bendizei a meu Senhor, dai-lhe graças, e servi-o com grande humildade."

Oração do dia

Ó admirável São Francisco, que fostes um sublime cantor da bondade e glória de Deus, fazei-nos entender que fomos criados para conhecer, amar e servir a Deus nesta terra e alegrar-nos com ele no céu, para assim cantarmos convosco vossos louvores, por toda a eternidade.

Oração final (p. 13)

Rezar com recolhimento e devoção

Pai-Nosso, Ave-Maria e Glória-ao-Pai.

Invocação e bênção de São Francisco

São Francisco de Assis, rogai por nós. "O Senhor vos abençoe e vos guarde, mostre-vos a sua face e tenha misericórdia de vós, volte para vós o seu rosto e vos dê a paz."

QUARTO DIA

"Meu único pai é o Pai nosso que está no Céu"

Em nome do Pai, do Filho e do Espírito Santo. Amém.

Bendito seja Deus que nos reuniu no amor de Cristo.

A Palavra de Deus

"Acaso uma mulher esquece o seu neném, ou o amor ao filho de suas entranhas? Mesmo que alguma se esqueça, eu de ti jamais me esquecerei! Vê que escrevi teu nome na palma de minha mão..." (Is 49,15-16).

O exemplo do santo (reflexão e oração)

Diante do bispo, a quem o pai se queixava de arruiná-lo para ajudar os pobres, Francisco se despe totalmente, colocando tudo aos pés do pai e exclama: "Até hoje, eu chamava Pedro Bernardone de meu pai. De hoje em diante, meu único pai é o Pai nosso que está nos Céus!".

Como é bom e consolador poder contar sempre com um Pai bondoso e poderoso.

"Senhor, fazei de mim instrumento de vossa paz.

Onde houver discórdia, que eu leve a união.

Onde houver dúvidas, que eu leve a fé.

Onde houver ofensa, que eu leve o perdão.

Onde houver trevas, que eu leve a luz."

Oração do dia

Ó admirável São Francisco, fazei que possamos com fé e com amor gritar o nome do Pai, que está no céu, não apenas nos momentos de angústia e de necessidade, mas a todo instante. Que Deus, por vossa intercessão, possa nos acolher na casa paterna, como filhos prediletos e benditos.

Oração final (p. 13)

Rezar com recolhimento e devoção

Pai-Nosso, Ave-Maria e Glória-ao-Pai.

Invocação e bênção de São Francisco

São Francisco de Assis, rogai por nós. "O Senhor vos abençoe e vos guarde, mostre-vos a sua face e tenha misericórdia de vós, volte para vós o seu rosto e vos dê a paz."

QUINTO DIA

"Meu Deus é meu tudo"

Em nome do Pai, do Filho e do Espírito Santo. Amém.

Bendito seja Deus que nos reuniu no amor de Cristo.

A Palavra de Deus

"A colheita é grande, mas os trabalhadores são poucos. Pedi, pois, ao Senhor da colheita que envie trabalhadores para sua colheita!" (Mt 9,37-38).

"No vosso caminho, proclamai: 'O Reino dos Céus está próximo'" (Mt 10,7).

"Ao entrardes na casa, saudai-a: se a casa for digna, desça sobre ela a vossa paz..." (Mt 10,12-13).

"Que beleza, pelas montanhas, os passos de quem traz boas-novas, daquele que traz a notícia da paz, que vem anunciar a salvação" (cf. Is 52,7).

O exemplo do santo (reflexão e oração)

Muitos antigos companheiros de Francisco, nobres e plebeus, atraídos por seu exemplo, venderam seus bens e os distribuíram aos pobres. Formaram o primeiro grupo da futura Ordem dos Frades Menores. Os seguidores do humilde frade viviam de esmolas e por seus trabalhos não recebiam dinheiro algum. Não tinham moradia fixa. Andavam pelo mundo, pregando o Evangelho. Onde passavam difundiam a paz e o amor, desejando a todos o bem. Paz e bem era o programa de ação pelo qual Francisco queria reerguer a Igreja de Cristo.

Oração do dia

Ó admirável São Francisco, com vosso exemplo despertastes em muitos dos vossos companheiros o mesmo zelo pela causa do Senhor. Continuai a despertar, em nossos jovens, a vocação de se consagrarem a Deus, para pregar a boa-nova e espalhar em toda parte a fé, a caridade, a paz e o bem.

Oração final (p. 13)

Rezar com recolhimento e devoção

Pai-Nosso, Ave-Maria e Glória-ao-Pai.

Invocação e bênção de São Francisco

São Francisco de Assis, rogai por nós. "O Senhor vos abençoe e vos guarde, mostre-vos a sua face e tenha misericórdia de vós, volte para vós o seu rosto e vos dê a paz."

SEXTO DIA

"Somos todos irmãos"

Em nome do Pai, do Filho e do Espírito Santo. Amém.

Bendito seja Deus que nos reuniu no amor de Cristo.

A Palavra de Deus

"Amai-vos mutuamente com afeição terna e fraterna" (cf. Rm 12,10).

"Como eu vos amei, assim também vós deveis amar-vos uns aos outros. Nisto conhecerão todos que sois os meus discípulos: se vos amardes uns aos outros" (cf. Jo 13,34-35).

O exemplo do santo (reflexão e oração)

Santa Clara tinha 17 anos quando resolveu seguir o exemplo de Francisco.

Deixou a sua rica mansão e todas as comodidades da vida para abraçar a pobreza evangélica. Com São Francisco e outras companheiras, inicia a Ordem das Pobres Damas, conhecidas como Clarissas.

O Papa Inocêncio III aprovou o estilo de vida dos seguidores do "Pobrezinho de Assis".

Oração do dia

Ó admirável São Francisco, vossa alma sempre foi sedenta e desejosa do Deus vivo, enquanto a minha é como a terra deserta e árida, sem esperança de chuva. Abri os meus olhos para que eu possa encontrar o caminho justo e reto da salvação, bem como a fonte de água viva, que matará para sempre a minha sede.

"Louvado sejas, meu Senhor, pelos que perdoam por teu amor, e suportam enfermidades e tribulações.

Bem-aventurados os que as sustentam Em paz, por ti, Altíssimo, serão coroados" (*Cântico das criaturas*).

Oração final (p. 13)

Rezar com recolhimento e devoção

Pai-Nosso, Ave-Maria e Glória-ao-Pai.

Invocação e bênção de São Francisco

São Francisco de Assis, rogai por nós. "O Senhor vos abençoe e vos guarde, mostre-vos a sua face e tenha misericórdia de vós, volte para vós o seu rosto e vos dê a paz."

SÉTIMO DIA

"Onde houver ódio, que eu leve o amor"

Em nome do Pai, do Filho e do Espírito Santo. Amém.

Bendito seja Deus que nos reuniu no amor de Cristo.

A Palavra de Deus

"Ide pelo mundo inteiro e anunciai a Boa-Nova a toda criatura!" (cf. Mc 16,15).

"Quem escuta a minha palavra e crê naquele que me enviou possui a vida eterna..." (cf. Jo 5,24).

O exemplo do santo (reflexão e oração)

O zelo pela casa do Senhor o devorava. Como o seu divino Mestre, Francisco desejava espalhar a chama do amor de Deus pelo mundo. Tinha sede de almas. Por isso partiu para o Oriente, alcançou o Egito e a Palestina. Desaprovou a luta armada para a conquista dos lugares santos. Viveu o mistério do nascimento do Filho de Deus, em Belém. No Natal, organizou o primeiro presépio vivo da história.

Oração do dia

Ó admirável São Francisco, que, como missionário de Cristo e arauto da paz, quisestes anunciar em terra distante o Reino de Deus, fazei que cada um de nós seja construtor da paz e da concórdia entre todos os povos, superando e abatendo as barreiras do ódio racial e do desejo de vingança.

Oração final (p. 13)

Rezar com recolhimento e devoção

Pai-Nosso, Ave-Maria e Glória-ao-Pai.

Invocação e bênção de São Francisco

São Francisco de Assis, rogai por nós. "O Senhor vos abençoe e vos guarde, mostre-vos a sua face e tenha misericórdia de vós, volte para vós o seu rosto e vos dê a paz".

OITAVO DIA

"A única razão de tristeza é o pecado"

Em nome do Pai, do Filho e do Espírito Santo. Amém.

Bendito seja Deus que nos reuniu no amor de Cristo.

A Palavra de Deus

"Meu Deus é meu rochedo. Nele encontro o meu refúgio" (cf. 2Sm 22,3).

"Exorto-vos, irmãos, a que ofereçais vossos corpos como hóstia viva, santa e agradável a Deus" (cf. Rm 12,1).

"Estou pregado à Cruz de Cristo. Eu vivo, mas já não sou eu: é Cristo que vive em mim" (cf. Gl 2,19-20).

O exemplo do santo (reflexão e oração)

São Francisco costumava recolher-se em retiro no Monte Alverne (1.269m), num pequeno eremitério. Três vezes por ano, Francisco fazia seu retiro de quarenta dias de jejum e oração; flagelava-se frequentemente em expiação dos pecados. Mesmo no meio de tantas privações e sofrimentos, conservava a alegria dos filhos de Deus. Em 1224, durante um desses retiros, recebeu a visita de Jesus crucificado em forma de um serafim alado. E das mãos, dos pés e do peito saíram raios que atravessaram mãos, pés e peito de Francisco, imprimindo-lhe os estigmas de Jesus. Essas feridas lhe causaram fortes dores. Não podendo mais caminhar a pé e quase cego, seguia evangelizando montado num jumentinho.

Devemos nos identificar com Cristo, com a oração, com a penitência e especialmente amando a Deus sobre todas as coisas e ao próximo como a nós mesmos. Porque é "em Deus que somos, nos movemos e existimos". São Francisco viveu esta verdade em toda a sua radicalidade.

Oração do dia

Ó admirável São Francisco, por vosso amor a Cristo crucificado e ao mistério da nossa Redenção renegastes a vós mesmo e tomastes a vossa cruz, seguindo na via dolorosa os passos de Jesus. Já não éreis vós que vivíeis, mas Cristo que vivia em vós. Por setas de luz fostes transpassado e com Cristo vos identificastes. Intercedei por nós junto ao Pai para que possamos imitar Jesus Nosso Senhor e enfrentar com paciência e amor as dores que encontramos na nossa caminhada terrena.

Oração final (p. 13)

Rezar com recolhimento e devoção

Pai-Nosso, Ave-Maria e Glória-ao-Pai.

Invocação e bênção de São Francisco

São Francisco de Assis, rogai por nós. "O Senhor vos abençoe e vos guarde, mostre-vos a sua face e tenha misericórdia de vós, volte para vós o seu rosto e vos dê a paz."

NONO DIA

"É morrendo que se vive para a vida eterna"

Em nome do Pai, do Filho e do Espírito Santo. Amém.

Bendito seja Deus que nos reuniu no amor de Cristo.

A Palavra de Deus

"Vinde, benditos de meu Pai! Recebei em herança o Reino que meu Pai vos preparou desde a criação do mundo!" (cf. Mt 25,34).

"Se o grão de trigo que cai na terra não morre, fica só. Mas, se morre, produz muito fruto" (cf. Jo 12,24).

O exemplo do santo (reflexão e oração)

Muito doente, Francisco pede para ser levado à igrejinha da Porciúncula. De longe, abençoa a cidade de Assis. A morte se aproxima e Francisco suplica que o deixem deitado nu no chão. Abençoa pela última vez seus companheiros e, cantando, entrega seu espírito nas mãos do Criador. Era o dia 3 de outubro de 1226.

São Francisco continua a ensinar o caminho da salvação e a espalhar suas bênçãos pelo mundo inteiro.

Não teremos medo de enfrentar as agruras da morte, se soubermos viver como Francisco, amando a Deus e aos irmãos, tornando-nos arautos da paz e da fraternidade universal.

"Jesus disse então: 'Eu sou a ressurreição e a vida. Quem crê em mim, ainda que tenha morrido, viverá'" (Jo 11,25).

Oração do dia

Ó admirável São Francisco, que abençoastes a "irmã morte corporal", aceitando-a como sentença irrevogável da vontade de Deus, e por ela esperastes ser libertado da prisão do corpo, para unir-vos para sempre com o Criador, ajudai-nos a viver sempre na graça de Deus e que a nossa morte seja serena e cheia de paz como foi a vossa.

Oração final (p. 13)

Rezar com recolhimento e devoção

Pai-Nosso, Ave-Maria e Glória-ao-Pai.

Invocação e bênção de São Francisco

São Francisco de Assis, rogai por nós. "O Senhor vos abençoe e vos guarde, mostre-vos a sua face e tenha misericórdia de vós, volte para vós o seu rosto e vos dê a paz."

Apêndice

Oração de São Francisco de Assis

Senhor, fazei-me instrumento de vossa paz. Onde houver ódio, que eu leve o amor. Onde houver discórdia, que eu leve a união. Onde houver dúvidas, que eu leve a fé. Onde houver erros, que eu leve a verdade. Onde houver ofensa, que eu leve o perdão. Onde houver desespero, que eu leve a alegria. Onde houver trevas, que eu leve a luz. Ó Mestre, fazei que eu procure mais consolar que ser consolado. Compreender que ser compreendido. Amar que ser amado. Pois é dando que se recebe. É perdoando que se é perdoado. E é morrendo que se vive para a vida eterna. Amém.

Oração a São Francisco de Assis

Ó São Francisco, estigmatizado do Alverne, o mundo tem saudades de ti como imagem de Jesus crucificado. Tem necessidade do teu coração aberto para Deus e para o homem, dos teus pés descalços e feridos, das tuas mãos transpassadas e implorantes. Tem saudades da tua voz fraca, mas forte pelo poder do Evangelho.

Ajuda, Francisco, os homens de hoje a reconhecerem o mal do pecado e a procurarem a sua purificação na penitência. Ajuda a libertarem-se das próprias estruturas do pecado, que oprimem a sociedade atual.

Reaviva na consciência dos governantes a urgência da paz nas nações e entre os povos. Infunde nos jovens o teu vigor de vida, capaz de contrastar as insídias das múltiplas culturas de morte.

Aos ofendidos por toda espécie de maldade, comunica, Francisco, a tua alegria de saber perdoar. A todos os crucificados pelo sofrimento, pela fome e pela guerra, reabre as portas da esperança. Amém!

João Paulo II

NOSSAS DEVOÇÕES
(Origem das novenas)

De onde vem a prática católica das novenas? Entre outras, podemos dar duas respostas: uma histórica, outra alegórica.

Historicamente, na Bíblia, no início do livro dos Atos dos Apóstolos, lê-se que, passados quarenta dias de sua morte na Cruz e de sua ressurreição, Jesus subiu aos céus, prometendo aos discípulos que enviaria o Espírito Santo, que lhes foi comunicado no dia de Pentecostes.

Entre a ascensão de Jesus ao céu e a descida do Espírito Santo, passaram-se nove dias. A comunidade cristã ficou reunida em torno de Maria, de algumas mulheres e dos apóstolos. Foi a primeira novena cristã. Hoje, ainda a repetimos todos os anos, orando, de modo especial, pela unidade dos cristãos. É o padrão de todas as outras novenas.

A novena é uma série de nove dias seguidos em que louvamos a Deus por suas maravilhas, em particular, pelos santos, por cuja intercessão nos são distribuídos tantos dons.

Alegoricamente, a novena é antes de tudo um ato de louvor ao Pai, ao Filho e ao Espírito Santo, Deus três vezes Santo. Três é número perfeito. Três vezes três, nove. A novena é louvor perfeito à Trindade. A prática de nove dias de oração, louvor e súplica confirma de maneira extraordinária nossa fé em Deus que nos salva, por intermédio de Jesus, de Maria e dos santos.

O Concílio Vaticano II afirma: "Assim como a comunhão cristã entre os que caminham na terra nos aproxima mais de Cristo, também o convívio com os santos nos une a Cristo, fonte e cabeça de que provêm todas as graças e a própria vida do povo de Deus" (*Lumen Gentium*, 50).

Nossas Devoções procura alimentar o convívio com Jesus, Maria e os santos, para nos tornarmos cada dia mais próximos de Cristo, que nos enriquece com os dons do Espírito e com todas as graças de que necessitamos.

Francisco Catão

Coleção Nossas Devoções

- *Dulce dos Pobres: novena e biografia* – Marina Mendonça
- *Francisco de Paula Victor: história e novena* – Aparecida Matilde Alves
- *Frei Galvão: novena e história* – Pe. Paulo Saraiva
- *Imaculada Conceição* – Francisco Catão
- *Jesus, Senhor da vida: dezoito orações de cura* – Francisco Catão
- *João Paulo II: novena, história e orações* – Aparecida Matilde Alves
- *João XXIII: biografia e novena* – Marina Mendonça
- *Maria, Mãe de Jesus e Mãe da Humanidade: novena e coroação de Nossa Senhora* – Aparecida Matilde Alves
- *Menino Jesus de Praga: história e novena* – Giovanni Marques Santos
- *Nhá Chica: Bem-aventurada Francisca de Paula de Jesus* – Aparecida Matilde Alves
- *Nossa Senhora Aparecida: história e novena* – Maria Belém
- *Nossa Senhora da Cabeça: história e novena* – Mario Basacchi
- *Nossa Senhora da Luz: novena e história* – Maria Belém
- *Nossa Senhora da Penha: novena e história* – Maria Belém
- *Nossa Senhora da Salete: história e novena* – Aparecida Matilde Alves
- *Nossa Senhora das Graças ou Medalha Milagrosa: novena e origem da devoção* – Mario Basacchi
- *Nossa Senhora de Caravaggio: história e novena* – Leomar A. Brustolin e Volmir Comparin
- *Nossa Senhora de Fátima: novena* – Tarcila Tommasi
- *Nossa Senhora de Guadalupe: novena e história das aparições a São Juan Diego* – Maria Belém
- *Nossa Senhora de Nazaré: novena e história* – Maria Belém
- *Nossa Senhora Desatadora dos Nós: história e novena* – Frei Zeca
- *Nossa Senhora do Bom Parto: novena e reflexões bíblicas* – Mario Basacchi
- *Nossa Senhora do Carmo: novena e história* – Maria Belém
- *Nossa Senhora do Desterro: história e novena* – Celina Helena Weschenfelder
- *Nossa Senhora do Perpétuo Socorro: história e novena* – Mario Basacchi
- *Nossa Senhora Rainha da Paz: história e novena* – Celina Helena Weschenfelder
- *Novena à Divina Misericórdia* – Tarcila Tommasi

- *Novena das Rosas: história e novena de Santa Teresinha do Menino Jesus* – Aparecida Matilde Alves
- *Novena em honra ao Senhor Bom Jesus* – José Ricardo Zonta
- *Ofício da Imaculada Conceição: orações, hinos e reflexões* – Cristóvão Dworak
- *Orações do cristão: preces diárias* – Celina Helena Weschenfelder
- *Os Anjos de Deus: novena* – Francisco Catão
- *Padre Pio: novena e história* – Maria Belém
- *Paulo, homem de Deus: novena de São Paulo Apóstolo* – Francisco Catão
- *Reunidos pela força do Espírito Santo: novena de Pentecostes* – Tarcila Tommasi
- *Rosário dos enfermos* – Aparecida Matilde Alves
- *Rosário por uma transformação espiritual e psicológica* – Gustavo E. Jamut
- *Sagrada Face: história, novena e devocionário* – Giovanni Marques Santos
- *Sagrada Família: novena* – Pe. Paulo Saraiva
- *Sant'Ana: novena e história* – Maria Belém
- *Santa Cecília: novena e história* – Frei Zeca
- *Santa Edwiges: novena e biografia* – J. Alves
- *Santa Filomena: história e novena* – Mario Basacchi
- *Santa Gemma Galgani: história e novena* – José Ricardo Zonta
- *Santa Joana d'Arc: novena e biografia* – Francisco de Castro
- *Santa Luzia: novena e biografia* – J. Alves
- *Santa Maria Goretti: história e novena* – José Ricardo Zonta
- *Santa Paulina: novena e biografia* – J. Alves
- *Santa Rita de Cássia: novena e biografia* – J. Alves
- *Santa Teresa de Calcutá: biografia e novena* – Celina Helena Weschenfelder
- *Santa Teresinha do Menino: novena e biografia* – Jesus Mario Basacchi
- *Santo Afonso de Ligório: novena e biografia* – Mario Basacchi
- *Santo Antônio: novena, trezena e responsório* – Mario Basacchi
- *Santo Expedito: novena e dados biográficos* – Francisco Catão
- *Santo Onofre: história e novena* – Tarcila Tommasi
- *São Benedito: novena e biografia* – J. Alves

- *São Bento: história e novena* – Francisco Catão
- *São Brás: história e novena* – Celina Helena Weschenfelder
- *São Cosme e São Damião: biografia e novena* – Mario Basacchi
- *São Cristóvão: história e novena* – Mário José Neto
- *São Francisco de Assis: novena e biografia* – Mario Basacchi
- *São Francisco Xavier: novena e biografia* – Gabriel Guarnieri
- *São Geraldo Majela: novena e biografia* – J. Alves
- *São Guido Maria Conforti: novena e biografia* – Gabriel Guarnieri
- *São José: história e novena* – Aparecida Matilde Alves
- *São Judas Tadeu: história e novena* – Maria Belém
- *São Marcelino Champagnat: novena e biografia* – Ir. Egídio Luiz Setti
- *São Miguel Arcanjo: novena* – Francisco Catão
- *São Pedro, Apóstolo: novena e biografia* – Maria Belém
- *São Peregrino Laziosi* – Tarcila Tommasi
- *São Roque: novena e biografia* – Roseane Gomes Barbosa
- *São Sebastião: novena e biografia* – Mario Basacchi
- *São Tarcísio: novena e biografia* – Frei Zeca
- *São Vito, mártir: história e novena* – Mario Basacchi
- *Senhora da Piedade: setenário das dores de Maria* – Aparecida Matilde Alves
- *Tiago Alberione: novena e biografia* – Maria Belém